CATALOGUE

ESTAMPES

ANCIENNES

ÉCOLE FRANÇAISE DU XVIIIe SIÈCLE

PORTRAITS

CHASSES, COSTUMES, ORNEMENTS, VUES

VIGNETTES

LIVRES, CATALOGUES ILLUSTRÉS

ET

GRAVURES EN LOTS

DONT LA VENTE AURA LIEU

HOTEL DROUOT, SALLE N° 9

Le Mardi 24 Février 1885,

~~A une heure et demie.~~ 4

Me MAURICE DELESTRE
Commissaire-priseur
Rue Drouot, 27

M. DUPONT aîné
Marchand d'estampes
Rue de Seine, 21

PARIS — 1885

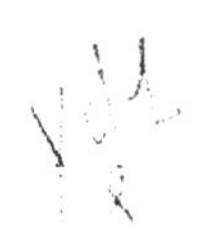

CATALOGUE (N° 35)

ESTAMPES

ANCIENNES

ÉCOLE FRANÇAISE DU XVIIIe SIÈCLE

PORTRAITS

Chasses, Costumes, Ornements, Vues

VIGNETTES

LIVRES — CATALOGUES ILLUSTRÉS

ET

GRAVURES EN LOTS

DONT LA VENTE AURA LIEU

HOTEL DES COMMISSAIRES-PRISEURS, RUE DROUOT, N° 9

SALLE N° 9

Le Mardi 24 Février 1885

A UNE HEURE ET DEMIE

Par le ministère de Me **MAURICE DELESTRE**, Commissaire-Priseur, rue Drouot, 27;

Assisté de **M. DUPONT** aîné, marchand d'Estampes, rue de Seine, 21.

PARIS — 1885

CONDITIONS DE LA VENTE

La vente sera faite au comptant.

Les acquéreurs payeront *cinq pour cent* en sus des enchères, applicables aux frais.

M. Dupont, chargé de la vente, se réserve la faculté de réunir ou de diviser les lots.

L'ordre de ce Catalogue sera suivi.

DÉSIGNATION

ESTAMPES

ANSELIN

1 — Le siège de Calais. Très belle épreuve avant la dédicace, marges.

BALÉCHOU

2 — Latone vengée, d'après Lauri, Très belle épreuve, marges.

BAUDOUIN

3 — Le Carquois épuisé, par de Launay. Très belle épreuve, marges.

BEAUVARLET

4 — La double surprise, d'après G. Dow. Très belle épreuve, marges.

BOREL

5 — Rendez-vous de chasse de Henri IV, par Guttemberg. Très belle épreuve, grande marges.

BOUNIEU

6 — Henri IV et Sully, après la bataille d'Ivry. Très belle épreuve, marges.

CARICATURES

7 — Conversation des Ultras, — La charge d'un mari, — La pudeur alarmée, — Suprême bon ton, — La petite vérole, etc. Sept pièces coloriées. Belles épreuves.

8 — Ecole de David et Ecole du dix-huitième siècle, quatre pièces curieuses. Belles épreuves.

CARICATURES ANGLAISES

9 — A Morning Ride, Dilettanti theatricals. Deux pièces coloriées. Belles épreuves.

10 — La famille anglaise au Muséum, — Les époux anglais à Paris, — Harmony, etc. Cinq pièces coloriées. Belles épreuves.

CHAMBARS

11 — La mort de Turenne. Très belle épreuve, marges.

CHAPONNIER

12 — Io, d'après Regnault, en couleur. Très belle épreuve, marges.

CHASSES ET COURSES ANGLAISES

13 — *Alken.* — Getting away, — The full Cry, — Drawing the cover, — The death. Suite de quatre pièces coloriées. Très belles épreuves.

14 — *Alken.* — The Run, — The Leap, — The Scrumble, — Unpléasant. Suite de quatre pièces coloriées. Très belles épreuves.

15 — *Alken.* — Aylesbury grand steeple-chase. Trois pièces coloriées. Très belles épreuves.

16 — *John Dean Paul.* — A Struggle for the start, — The first ten minutes, — Symptoms of a Skurry, — The death. Suite de quatre pièces coloriées grand in-fol. en travers Très belles épreuves.

CHASSES ET COURSES ANGLAISES

17 — *A. W. Reeve.* — Liverpool grand national steeple chase. Suite de quatre pièces grand in-fol. en travers. Très belles épreuves.

18 — *Smith.* — The Cambridgeshire stakes, — Deer Stalking, par Ansdell. Deux pièces coloriées. Très belles épreuves.

19 — *Sturges.* — The Liverpool grand national steeple-chase, — The Doncaster grand steeple chase, — Roundding the bend, — The struggle for victory. Suite de quatre pièces coloriées grand in-fol. Très belles épreuves

CLARKSON ET STANFIELD

20 — Les naufragés devant Calais, par Quilley, grand in-fol. en largeur. Très belle épreuve.

COYPEL

21 — Cupidon et Psyché, par Audran, — Terésias aveuglé des appas de Minerve. Deux pièces. Très belles épreuves, marges.

DARCIS

22 — Les merveilleuses. Belle épreuve.

DEBUCOURT

23 — L'Instruction villageoise. Très belle épreuve, marges. Rare.

DEMARTEAU

24 — Licurgue blessé dans une sédition, d'après Cochin, — Sujet mythologique. Deux pièces. Très belles épreuves dont une avant toutes lettres, grandes marges.

DESCOURTIS.

25 — Vue des Tuileries. Deux pièces d'après de Machy, en couleur. Très belles épreuves, encadrées.

EARLOM (R.)

26 — Una, d'après B. West. Belle épreuve, petites marges.

27 — Le Sabbat, d'après Téniers. Grand in-fol. en largeur. Très belle épreuve, marges.

28 — Entrevue d'Auguste et de Cléopâtre, d'après R. Mengs. Très belle épreuve, marges.

29 — Méléagre et Atalante, d'après Wilson. Très belle épreuve, marges.

ÉCOLE ANGLAISE

30 — La Réconciliation, — Scène romaine, par A. Kauffmann. Deux pièces en couleur. Belles épreuves, sans marges.

ÉCOLE FRANÇAISE

31 — Serment d'amour, — La Sentinelle en défaut, en réduction. Costumes, etc. Quatorze pièces, belles épreuves.

EISEN (Ch.)

32 — La Jolie Fermière, par de Longueil. Très belle épreuve, marges.

33 — Le Bal Champêtre, — Le Concert Champêtre. Deux pièces, par de Longueil. Belles épreuves, marges.

FESSARD (Ét.)

34 — Le Parlement de Bourgogne, d'aprè Hallé, — Monument symbolique de la religion. Deux pièces, gr. in-fol. Très belles épreuves, marges.

FRAGONARD (H.)

35 — La Fontaine de l'Amour, par F.-N. Regnault. Très belle épreuve avant la lettre, seulement le titre tracé à la pointe.

36 — Le Verrou, par Blot. Très belle épreuve, marges.

FREUDEBERG

37 — Le Petit Jour, par de Launay. Très belle épreuve, marges.

FREY (De)

38 — La Leçon d'Anatomie, d'après Rembrandt. Très belle épreuve avant la lettre, marges.

GREUZE (J.-B.)

39 — Le Malheur imprévu. Très belle épreuve à l'état d'eau-forte pure, marges.

40 — La Frileuse par Moitte. Très belle épreuve, petites marges, rare.

41 — Le Silence, ou ne l'éveille pas, par L. Cars et Cl. Donat Jardinier. Très belle épreuve, marges.

GRIMOU

42 — Portrait d'enfant par Blot. Très belle épreuve, marges.

HARVEY

43 — L'Auditoire, par Bromley. Grand in-fol. en largeur. Très belle épreuve.

JANINET

44 — Les Trois Grâces, d'après Pelligrini, En couleur. Superbe épreuve avant la lettre et avant la guirlande de roses, toutes marges.

JEAURAT

45 — La Marchande de Bouquets. Très belle épreuve à l'état d'eau-forte pure, marges.

LANCRET

46 — Le Maître Galant, par Le Bas. Très belle épreuve, marges.

LAVREINCE

47 — La Consolation de l'Absence par De Launay. Très belle épreuve, marges.

48 — L'Heureux Moment, par De Launay. Très belle épreuve. marges.

49 — La même estampe. Belle épreuve, petites marges.

LEBARBIER

50 — Bains des Femmes Mahométanes, gravé par De Launay. Superbe épreuve, avant toutes lettres, grandes marges.

51 — Couronnement de Lafontaine par Esope aux Champs-Elysées, par Guttemberg. Très belle épreuve, marges.

52 — Le Mouchoir. Très belle épreuve, marges.

53 — Adam et Eve, — Mort d'Abel, — Combat des Horaces. Trois pièces par Janinet. Très belles épreuves, marges.

LEBEAU

54 — Roxelane, d'après Dugoure. Très belle épreuve, marges.

LE MESLE

55 — Le Lutrin. — Suite complète de huit pièces gravées par Fillœul, Ouvrier, etc. Petit in-folio en largeur. Très belles épreuves toutes marges, rares.

LEPEINTRE

56 — La Cage Symbolique par Fessard. Très belle épreuve, marges.

LEPRINCE (J.-B.)

57 — La Vertu au Cabaret, — La jeune Bergère, — La diseuse de bonne aventure. Trois pièces. Très belles épreuves, grandes marges.

58 — La bonne sœur, — La complaisance, — La promenade, etc. — Cinq pièces. Belles épreuves, grandes marges.

LEPRINCE (J.-B.)

59 — Le Printemps, — L'Hiver, — Deux pièces. Belles épreuves, toutes marges.

60 — Divers habillements des femmes de Moscovie. Première et deuxième suite complètes avec les titres. — Douze pièces. Très belles épreuves, toutes marges.

61 — Divers cris des marchands de Russie. Deuxième et troisième suite complètes avec les titres. — Douze pièces. Très belles épreuves, toutes marges.

62 — Divers ajustements et Usages de Russie, dédiée à M. Boucher. — Six pièces, avec le titre. Très belles épreuves, marges.

63 — Suite de divers habillements des peuples du Nord. — Six pièces, avec le titre. Très belles épreuves, toutes marges.

64 — Habillements de diverses nations. — Six pièces, avec le titre. Très belles épreuves, toutes marges.

65 — Divers habillements des prêtres de Russie. — Six pièces. — Soldats du corps des Strélitz. — Ensemble onze pièces. Belles épreuves, grandes marges.

66 — Vue des environs de Saint-Pétersbourg, — Intérieurs russes. — Cinq pièces. Belles épreuves, grandes marges.

LEPRINCE (d'après)

67 — Le marchand de lunettes, par Helman. Très belle épreuve, marges.

68 — Les nappes d'eau, par Godefroy. In-folio en largeur. Superbe épreuve, marges.

LEVASSEUR

69 — La Chaufferette, d'après Knauss, — La double tentation, d'après Mieris. — Deux pièces. Belles épreuves, marges.

MACRET

70 — Réception de Voltaire aux Champs-Elysées, par Henri IV. Très belle épreuve, grandes marges.

*

MARTINI

71 — Coup d'œil exact de l'arrangement des peintures au salon du Louvre en 1785. Très belle épreuve, grandes marges.

72 — Lauda Conatum, Exposition au salon du Louvre en 1787. Superbe épreuve, marges.

METZU (d'après)

73 — Le Déjeuner de la hollandaise. Très belle épreuve, marges.

MONDHARE (A Paris, chez)

74 — Combat de taureaux en Espagne. — Suite de six pièces coloriées. Belles épreuves.

MOREAU LE JEUNE

75 — Les dernières paroles de Jean-Jacques-Rousseau, par Guttemberg. Très belle épreuve, marges.

76 — Arrivée de Jean-Jacques-Rousseau aux Champs-Elysées. Très belle épreuve, grandes marges.

ORNEMENTS

77 — *Arrivet.* — Cadres et titres. — Six pièces.

78 — *Bérain.* — Candélabres, — Arabesques. — Seize pièces.

79 — *Blondel.* — Intérieurs d'appartement. — Six pièces.

80 — *Boucher, Jacque.* — Vases, — Chandeliers. Sept pièces.

81 — *Cauvet, Bibiéna.* — Frises, — Architecture. Quatre pièces.

82 — *Delafosse.* — Meubles, — Trophées. Huit pièces.

83 — *Francart.* — Portes Cochères, à Paris chez Mariette. Six pièces, nos 1 à 6, grandes marges.

84 — *Giardini.* — Orfèvrerie d'église. Six pièces.

85 — *Leclerc (Séb.).* — Batailles, Cartouches ornementés. Douze pièces toutes marges.

ORNEMENTS

86 — *Lepautre.* — Vases, — Frises. Vingt-huit pièces.

87 — *Mariette* (à Paris chez). — Dessins de buffets. Six pièces.

88 — Intérieurs d'appartements. Vingt-huit pièces.

89 — *Marot.* — Arc de triomphe, — Chaires, etc. Cinq pièces.

90 — *Ranson.* — Fleurs et vases. Cinq pièces.

PATER

91 — Le concert amoureux, par Fillœul. Très belle épreuve, marges.

PÉTERS

92 — Les joyeuses commères de Windsor, — Beaucoup de bruit. Deux pièces. Belles épreuves.

PETIT

93 — Madame de Lafontaine-Solare de la Boissière, d'après M. Quentin de Latour. Très belle épreuve, marges.

PICART (B.)

94 — Le jeu du pied de bœuf, — Le jeu de tric-trac. Deux pièces. Très bellee épreuves, rares.

PIÈCES HISTORIQUES

95 — Episodes de la Révolution, par Duplessis-Bertaux. Douze pièces.

96 — Le maréchal Moncey à la barrière de Clichy, — Incendie du chateau d'Eu, — Mort du duc d'Orléans, etc. Cinq pièces.

PRUD'HON (d'après)

97 — Le triomphe de Napoléon. Très belle épreuve sur chine avant la lettre.

QUÉVERDO

98 — Le sommeil favorable, — L'amant chéri. Deux pièces. Belles épreuves.

RAMBERG

99 — Le marché d'esclaves, — Très belle épreuve, avant le changement.

ROWLANDSON

100 — Croquis, — Deux feuilles en couleur. Belles épreuves.

RUBENS

101 — Persée et Andromède, etc. Trois pièces. Belles épreuves.

RUHIERRE

102 — Capitulation d'Ulm, — Combat de Muley-Ismael. Deux pièces. Belles épreuves dont une avant la lettre.

SAINT-NON

103 — Le jeu de bouchon, d'après Benard. Deux épreuves différentes, très belles épreuves.

TROOST (C.)

104 — La fête de Saint-Nicolas, — Le Vielleux. Deux pièces par Houbraken. Très belles épreuves.

VIGNETTES

105 — *Anonymes.* — Modèle d'un billet à ordre, fin du XVIIIe siècle. Belle épreuve, rare.

106 — *Borel, Quéverdo, etc.* — Vignettes diverses. Dix-huit pièces avant et avec la lettre.

107 — *Choffard.* — Cul-de-lampe, petit in-fol. Très belle épreuve avant le texte au verso.

108 — *Cochin.* — En-têtes de pages et culs-de-lampe. Dix pièces. Belles épreuves d'artiste avant toutes lettres et avant le texte.

VIGNETTES

109 — Frontispices, — Vignettes. Dix pièces. Très belles épreuves avant la lettre.

110 — Figures pour l'*Histoire de France*, — *Le Lutrin*, — Rousseau, etc. Vingt-huit pièces, toutes marges.

111 — *Cooper*, *Walter Scott*. — Vingt-cinq pièces avant la lettre, sur chine.

112 — *De Mare* (T.). — Les vingt estampes dessinées par Fragonard et Touzé, pour les *Contes de La Fontaine*, réduites et gravées à l'eau-forte, in-folio. Paris, Conquet, **1881**, en livraisons. Très bel exemplaire avant la lettre, sur hollande.

113 — Trente-trois estampes composées par F. Boucher, pour les œuvres de Molière, et gravées à l'eau-forte, in-8. Paris, Lefilleul, 1881. Très bel exemplaire sur papier du Japon.

114 — *Devéria* et autres. — J.-J. Rousseau, trente-cinq vignettes et portraits, sur chine. Épreuves d'artiste.

115 — *Devéria*, *Desenne*. — Vignettes pour *la Henriade* et *les Contes* de Voltaire. Vingt-sept pièces avant et avec la lettre.

116 — *Deveria*, *Johannot*. Vignettes pour Chateaubriand, etc. Quinze pièces avant la lettre.

117 — *Dubouchet*. — Estampes de Moreau le jeune, pour le *Monument du costume* de Rétif de la Bretonne, in-12. Paris, Conquet, 1881. Exemplaire du quatrième état.

118 — *Eisen*. — En-têtes de pages, — Culs-de-lampe. Quinze pièces, très belles épreuves avant la lettre et avant le texte.

119 — En têtes de pages. Douze pièces, belles épreuves.

120 — *Eisen*, *De Longueil*. — L'Art d'aimer, frontispices, etc. Douze pièces, très belles épreuves avant la lettre.

121 — En-têtes de pages, culs-de-lampe. Quatorze pièces, très belles épreuves avant la lettre et avant le texte.

VIGNETTES

122 — *Gravelot.* — En-têtes de pages. Six pièces, très belles épreuves avant la lettre et avant le texte.

123 — *Johannot.* — Manon Lescaut, Sterne, J. Janin, etc. Vingt pièces avant la lettre.

124 — *Johannot. A. Scheffer.* — Révolution. Seize pièces avant et avec la lettre, toutes marges.

125 — *Johannot* et autres. Vignettes diverses. Cinquante-deux pièces sur chine volant et collé.

126 — *Lebarbier*, pour Gessner. — Sept pièces, toutes marges.

127 — *Le Mire.* — Vignettes pour Corneille, d'après Gravelot, — Mme Favart, etc. Huit pièces, belles épreuves.

128 — *Leprince.* — La Vue, — L'Ouie. Deux pièces, belles épreuves, toutes marges.

129 — *Marillier.* — Vignettes diverses. Dix-huit pièces.

130 — *Monnet.* Vignettes diverses. Dix pièces, très belles épreuves à l'état d'eau-forte et avant la lettre.

131 — *Moreau le jeune.* — Les amours de Glycère et d'Alexis. Très belle épreuve avant l'encadrement.

132 — La Gravure. — La Peinture. Deux pièces. Très belles épreuves avant la lettre et le texte.

133 — Le premier baiser de l'amour et divers. Cinq pièces, Belles épreuves.

134 — *Prud'hon.* — Phrosine et Mélidore, in-4. Belle épreuve, marges.

135 — *Prud'hon* (d'après). — Égalité, — L'art d'aimer, etc., sept pièces. Belles épreuves.

136 — *Rops* (*F.*). — Frontispices de livres, — Douze pièces. Belles épreuves avant la lettre sur japon.

137 — *Saint-Quentin.* — Mariage de Figaro, — Huit pièces dont quatre de la suite de Lienard; plus trois pièces pour Beaumarchais. Ensemble onze pièces. Belles épreuves.

VIGNETTES

138 — *Smirke, Stothart.* — Vignettes pour Shakespeare et divers. Quarante pièces avant et avec lettre, toutes marges.

139 — Sujets historiques. Six pièces. Belles épreuves.

140 — *Vernet (H.) Desenne.* — Vingt vignettes et deux portraits pour Molière. Épreuves sur chine avant la lettre.

VAN LOO

141 — Thésée domptant le taureau de Marathon, — Esther, par Beauvarlet. Deux pièces. Belles épreuves.

WINKLESS

142 — Fête publique et illumination à Amsterdam. Très belle épreuve avant la lettre, marges.

WILKIE

143 — Le Colin-Maillard, — Les politiciens de village, par Raimbach, Deux pièces. Très belles épreuves, marges.

ZEEMAN

144 — Porte Saint-Bernard, — Faubourg Saint-Marceau, etc. Quatre vues de l'ancien Paris. Belles épreuves, rares.

PORTRAITS

ADAM (J.)

145 — Jean Sigefridus Wiser. Très belle épreuve.

ANONYMES

146 — Madame de Grignan, Christine de Suède, Madame Combrousse, par Audibran. Trois pièces, belles épreuves.

147 — Bartolomé Platina, — Viala, historien, — Galli, fondateur de la *Gazette de Hollande*. Trois pièces, belles épreuves.

ANONYMES

148 — Georges Ier, — François de France, — La Meilleraie, — Le père La Chaise, — de Beaumont. Cinq pièces, belles épreuves.

149 — Le chevalier de Saint-Georges. Très belle épreuve sur chine.

BEAUVARLET ET BEISSON

150 — G. Sage, — Le Cardinal de Bourbon. — Le Maréchal de Tourville. Trois pièces, belles épreuves.

BOLT

151 — La Princesse Louise Charlotte, reine de Suède, — Sophie Grafin. Deux pièces, très belles épreuves.

CHARON (A Paris, chez)

152 — Le faux Dauphin (Mathurin Bruneau), — Antoine Jacob, par Carmona. Trois pièces, belles épreuves.

CHEVALIER DE SAINT-SIRE

153 — Le duc de Crillon, — Maréchal d'Estrée, — Louis de Bourgogne, — Necker. Quatre pièces, belles épreuves.

COCHIN (C.-N.)

154 — Le Comte de Vence, par Watelet, — Le duc de la Vrillière. Deux pièces, très belles épreuves.

155 — Copette, — Chastre de Billi, — L. Bay de Curys, — J.-F. Denis. Quatre pièces par Watelet et François, très belles épreuves avant l'adresse.

156 — Le Prince de Turenne, — P. A. Slodtz, — C. L. Sorbet. Trois pièces, très belles épreuves dont deux avant les noms des graveurs et l'adresse.

COPIA

157 — Madame de Genlis. Très belle épreuve, grandes marges.

COUSINS (S.)

158 — Portrait de Th. Lawrence, — Marquis de Lansdonne. Deux pièces, belles épreuves.

CUSTODIS

159 — Maria Fuggera, portrait avec figures allégoriques. Très belle épreuve, petites marges.

DANZEL

160 — Voltaire à Ferney. Très belle épreuve.

DARET, CATHELIN

161 — Louis XIII, — P. Charron, — Cl. Bullion, — de Montcrif, — L'abbé Pluche. — Cinq pièces. Belles épreuves.

DE LAUNAY

162 — Le Tasse, — St-Evremond, — Clément. Trois pièces. Belles épreuves.

DELVAUX

163 — F. Joly, — J. Duval,—Buffon,—La Bruyère, — Montesquieu, etc. Six pièces. Belles épreuves.

DIVERS

164 — Acteurs, — Actrices de la Comédie-Française et de l'Opéra-Comique. Dix-neuf pièces en couleur.

DUFLOS

165 — Louis XIV en pied, colorié. Très belle épreuve, toutes marges.

DUPONCHEL

166 — P. Quinault, — J. J. Vadé. Deux pièces. Belles épreuves.

EDELINCK

167 — François de Médicis, — Jeanne d'Autriche. Deux pièces d'après Rubens, petit in-fol. Très belles épreuves, grandes marges.

EDELINCK, DUPIN

168 — Pélisson — Benserade, — Racine, — LaFontaine, — M. Desjardins, — R. Hérault, — J. Lenfant, etc. Huit pièces. Belles épreuves.

FICQUET

169 — M. Tullius Cicéro, — Pierre Corneille, — Crébillon. Trois pièces. Belles épreuves.

GALLE (C.)

170 — Jacobus Datt, — A. Clant, etc. Trois pièces. Très belles épreuves.

GAILLARD

171 — Galilée, — P. Cospean, évêque de Lisieux, Deux pièces. Belles épreuves.

GAUCHER

172 — Louis Gillet, — Beaumarchais. Deux pièces. Très belles épreuves, grandes marges.

173 — A. de Piis, — Latour d'Auvergne. Deux pièces. Très belles épreuves.

174 — Ronsard, — de St-Gelais, — Fénelon, — Louis Racine. Cinq pièces. Belles épreuves.

HOPWOOD

175 — Olympe Chodzko, — Autre portrait avec entourage. Deux pièces. Belles épreuves.

HURET (G.)

176 — Portrait d'un historien, — G. Sage, — Court de Gébelin. Trois pièces. Belles épreuves,

ISABEY (A Paris, chez)

177 — J.-J. Rousseau, avec le tombeau d'Ermenonville. Très belle épreuve.

KLAUBER

178 — Portrait d'un écrivain, — Autre portrait, par Nocret. Deux pièces. Très belles épreuves avant la lettre.

LEBEAU

179 — Portrait d'homme, — Régnard, — Raynal, — Vertot. Quatre pièces. Belles épreuves.

LEVASSEUR

180 — Le comte d'Argenson, — J. Restout, — Camus, — A. Arnaud, — G. Ménage. Cinq pièces. Belles épreuves.

MARCENAY (De)

181 — Michel de l'Hopital, — Charles V. Deux pièces. Très belles épreuves.

MARIAGE

182 — De Piis, — Buchan, — Baudelocque, etc. Cinq pièces. Belles épreuves.

MIGER

183 — Olivier de Serres, — Servandoni, — L'abbé Desmonceaux. Trois pièces. Belles épreuves.

MOITTE

184 — Portrait d'homme avec figures allégoriques, — Crébillon, — Le maréchal de Belle-Isle. Trois pièces. Belles épreuves.

PETIT, ROMANET

185 — Bayle, — De Mayran, — Duc de Bavière. Trois pièces. Belles épreuves.

PONTIUS, LOMMELIN

186 — La princesse d'Aremberg. Deux pièces. Belles épreuves.

SAVART (P.)

187 — Fénelon. Belle épreuve.

SAINT-AUBIN

188 — Fénelon. — Trudaine. Deux pièces. Belles épreuves avant l'adresse.

189 — De Maleteste, — Bosquillon. Deux pièces. Très belles épreuves.

190 — Saint-Evremond, — Blanchet. Deux pièces. Très belles épreuves.

191 — Lamotte-Piquet, — Gauzargues, — Blanchard. Trois pièces. Très belles épreuves avant les adresses.

192 — Thomas Corneille, — Charles XII, — Blanchet, — Barthélemy. Quatre pièces. Belles épreuves.

SMITH

193 — La comtesse de Salisbury, d'après Kneller. Très belle épreuve, marges.

TARDIEU

194 — Paul Barras, — Le roi Jérome, par Pradier, — Louis-Philippe. Trois pièces, in-fol. Belles épreuves dont une avant la lettre.

195 — Jean-Bart, — Forbin, — Louvois, — De Gamaches, — Duguesclin, — Molé, — Mesenguy. Sept pièces. Belles épreuves.

TILLIARD

196 — J. Pernetti, — Coyer. Deux pièces. Belles épreuves.

TURNER

197 — Sir Knighton, d'après Laurence. Très belle épreuve avant la lettre.

TURNER

198 — Le marquis de Londonderry, d'après Laurence, in-fol. Belle épreuve.

VANGELISTY

199 — Sully. Deux épreuves dont une avant la lettre.

200 — R. J. Pothier, — J. R. Schabot, — Comte de Ligniville. Trois pièces. Très belles épreuves, toutes marges.

201 — Turgot, — Coligny, — d'Argenson, — d'Aguesseau, — Chevert, — Duguay-Trouin, — de l'Hospital. Sept pièces. Très belles épreuves.

202 — Le maréchal de Belle-Isle, — de Berwick, — Catinat, — Dubourg, — Labourdonnais, — Luxembourg, — Maillebois, — Montmorency, — Turenne, — Villars. Dix pièces. Très belles épreuves, toutes marges.

VERMEULEN

203 — Catherine d'Aragon, — Jacques V, — N. Bacon, — Martyr, — T. Morus, — Th. Wentworth, — François duc d'Alençon, — Robert d'Evreux. Neuf pièces. Belles épreuves.

VOYEZ le Jeune

204 — P. Corneille, — Condé, — Ph. d'Orléans, — Fleury. Quatre pièces. Très belles épreuves, grandes marges.

205 — A. Duquesne, — Crilllon, — Brancas, — duc de Vendôme. Quatre pièces. Très belles épreuves, toutes marges.

WEBER

206 — La Duchesse de Vendôme, — Anna Maria Porter. Deux pièces. Belles épreuves, dont une avant la lettre.

LIVRES

207 — *Alvin* (Louis). — Catalogue raisonné des portraits gravés par les trois frères Wierix. — Bruxelles, Arnold 1867.

208 — *Béranger*. — Œuvres complètes, 2 vol. Perrotin 1847, relié.

209 — *Dassance* (l'abbé). — Imitation de Jésus-Christ illustrée par Tony Johannot et Cavelier. Paris, L. Curmer, rue Sainte-Anne, 1836, Reliure de Brissart.

210 — Les Saints Evangiles, Paris. Curmer, rue Sainte-Anne. Reliure de Brissart.

211 — *Delaborde* (le vicomte Henri). — Le département des estampes à la bibliothèque nationale, Paris. Plon 1875, broché.

212 — *Delille*. — Les Jardins, Paris. Chapsal, 1844, relié.

213 — *Gazette des Beaux-Arts*. — Michel-Ange. Texte et gravures. Paris, 1er janvier 1876.

214 — *Goncourt* (Edmond de). — Catalogue raisonné de l'œuvre de P. P. Prud'hon, Paris. Rapilly, 1876, broché.

215 — *Guilmard* (D.). — Les maîtres ornemanistes. — Publication enrichie de 180 planches tirées à part et de nombreuses gravures dans le texte; introduction par M. le baron Davillier. Paris. Plon, broché en livraisons.

216 — *Huysmans* (J. K.). — Croquis parisiens; illustrations à l'eau-forte, par Forain et Raffaelli H. Vaton, Paris, 1880, broché.

217 — *La Rochefoucauld*. — Maximes et réflexions morales. A Paris de l'imprimerie Didot, 1796, relié.

218 — *Montaiglon* (Anatole de). — Catalogue raisonné de l'œuvre de Claude Mellan d'Abbeville. Paris, 1856, relié.

219 — *Prévost* (l'abbé). — Histoire de Manon Lescaut et du chevalier Des Grieux. Paris, Glady 1875, — Illustrations par Jacquemart et Flameng, broché.

220. — *Richardet.* — Poëmes, 2 vol. Londres 1781, relié v. marbré.

221 — *Tasse* (*Le*) Aminte. Paris, Cazin, 1786, v. marbré.

CATALOGUES ILLUSTRÉS

222 — Catalogue de tableaux et dessins de la Collection de C. Dutilleux 1874.

223 — Catalogue d'une très belle collection de tableaux de toutes les écoles : — Vente W. Paris, 1874.

224 — Catalogue de tableaux et peintures à la cire, aquarelles et dessins par Hip. Lazerges, 1876.

225 — Catalogue de tableaux de l'École moderne et tableaux anciens de la galerie Oppenheim, 1877.

226 — Collection de Bronzes d'ameublement, tableaux, tapisseries, tentures, de M. le comte Ed. d'Hane Steenhuyse, Gand, 1878.

227 — Catalogue de dessins anciens et modernes, aquarelles. miniatures de la collection de M. Mahérault. Paris, 1880.

228 — Catalogue de tableaux anciens de toutes les écoles composant la très importante collection de M. le baron de Beurnonville, 1881.

229 — Succession de M. le comte de V..... Paris, 1881.

230 — Catalogue de tableaux anciens et modernes, objets d'art et de haute curiosité composant la collection de M. A. Febvre, 1882.

231 — Catalogue d'Aquarelles modernes, provenant de diverses collections, 1883.

232 — Catalogue de tableaux modernes composant la collection de M. D. 1884 ; illustré de dix eaux fortes.

233 — Catalogue de tableaux anciens et modernes composant la galerie de M. John W. Wilson.

GRAVURES EN LOTS

234 — Proverbes, — Miracles, — Divers. Dix pièces.

235 — Victoire de Lépante, — Le Chien de Montargis, — Toussaint Louverture etc. Onze pièces.

236 — Gravures diverses. Dix pièces, petit in-fol.

237 — Recueil de chiffres, — Recueil de profils, — Quatre différents vignoles.

238 — Costumes de théâtre, — Costumes parisiens. Cent quarante pièces.

239 — Monorganorama, par Grévin, Chassepotiana, par Cham, — Trois albums de caricature espagnoles, par Ortega.

240 — Ornements divers. Vingt-deux pièces.

241 — Études, — Paysages, etc. Vingt-sept pièces.

242 — Fleurs, — Oiseaux. Trente pièces.

243 — Animaux par Carle Vernet, Lalaisse, etc. Onze pièces.

244 — Têtes, — Académies. Vingt-trois pièces.

245 — Galerie du Palais Royal, — Reproduction des tableaux. Soixante-cinq pièces, épreuves sur chine.

246 — Portraits d'acteurs. Vingt-neuf pièces.

247 — Portraits d'actrices. Vingt-sept pièces.

248 — Compositeurs de musique. Dix pièces.

249 — Criminels célèbres. Douze pièces.

250 — Portraits divers, grand in-fol. Trente-trois pièces.

251 — Écrivains, littérateurs, historiens du XVIIIe siècle Quatre-vingts pièces.

252 — Famille d'Orléans. Vingt pièces.

253 — Femmes célèbres, — Souveraines. Cent quatre pièces.

254 — Hommes d'État, célébrités, généraux, xviiie siècle. Quatre-vingt et une pièces.

255 — Littérateurs, Écrivains. Soixante et une pièces.

256 — Peintres anciens et modernes. Soixante-deux pièces.

257 — Révolution, hommes d'État. Quatre-vingts pièces.

258 — Savants, médecins. Quarante-sept pièces.

259 — Souverains, Bourbons de France. Trente-huit pièces.

260 — Voltaire, Rousseau, Fénélon. Trente-deux portraits différents.

261 — Portraits étrangers, xvie et xviie siècle. Trente et une pièces.

262 — Étrangers, xviie et xviiie siècle. Cinquante-trois pièces.

263 — Portraits étrangers, anciens et modernes. Soixante-dix-huit pièces.

264 — Portraits et Costumes grecs et bulgares. Quarante pièces en noir et en couleur.

265 — Vignettes pour *Paul et Virginie*, en nombre. Quatre-vingt-dix pièces avant la lettre.

266 — pour Ducis, en nombre. Quatre-vingt-dix pièces.

267 — *Les Français peints par eux-mêmes.* Quarante-trois pièces en couleur.

268 — *Vie privée des animaux,* par Grandville. Cent trente-deux pièces.

269 — Gavarni. Cent soixante-quinze pièces, gravées sur bois, par Lavieille.

270 — *Contes de Lafontaine.* Quarante-trois pièces anciennes et modernes.

271 — Vignettes anciennes pour Ovide, Restif de la Bretonne, etc. Cinquante-cinq pièces.

272 — *Fastes de la nation française*, par Lafitte, Swébach. Trente-cinq pièces. — Traits de courage et de dévouement sous la première république. Quarante-quatre planches, par Mixelle. Ensemble soixante-dix-neuf pièces.

273 — Vues de Paris. Trente-cinq pièces anciennes.

274 — Vues de Paris. Cinquante-trois pièces.

275 — Vues de France. Vingt-quatre pièces anciennes et modernes.

276 — Vues de France. Soixante-quatre pièces.

277 — Vues de France et Étrangères. Trente-six pièces grand in-fol.

278 — Vues étrangères anciennes. Quarante-trois pièces.

279 — Vues étrangères, en noir et couleur. Quarante pièces.

280 — Grandes vues étrangères, en noir et en couleur. Quarante-huit pièces.

281 — *Voyage en Istrie et en Dalmatie*, gravé par Née. Trente-six pièces.

282 — Vues d'optique. Vingt-huit pièces.

Typographie Pillet et Dumoulin, rue des Grands-Augustins, 5, à Paris.

www.ingramcontent.com/pod-product-compliance
Ingram Content Group UK Ltd.
Pitfield, Milton Keynes, MK11 3LW, UK
UKHW022142260726
13993UKWH00005B/2110

9 782329 520537